Nature's

Notebook & Journal

Notebook & Journal

Notebook & Journal

Notebook & Journal

Notebook & Journal

Notebook & Journal

Notebook & Journal

Notebook & Journal

Notebook & Journal

Notebook & Journal

Notebook & Journal

Notebook & Journal

Notebook & Journal

Notebook & Journal

Notebook & Journal

Notebook & Journal

Notebook & Journal

Notebook & Journal

Notebook & Journal

Notebook & Journal

Notebook & Journal

Notebook & Journal

Notebook & Journal

Notebook & Journal

Notebook & Journal

Notebook & Journal

Notebook & Journal

Notebook & Journal

Notebook & Journal

Notebook & Journal

Notebook & Journal

Notebook & Journal

Notebook & Journal

Notebook & Journal

Notebook & Journal

Notebook & Journal

Notebook & Journal

Notebook & Journal

Notebook & Journal

Notebook & Journal

Notebook & Journal

Notebook & Journal

Notebook & Journal

Notebook & Journal

Notebook & Journal

Notebook & Journal

Notebook & Journal

Notebook & Journal

Notebook & Journal

Notebook & Journal

Notebook & Journal

Notebook & Journal

Notebook & Journal

Notebook & Journal

Notebook & Journal

Notebook & Journal

Notebook & Journal

Notebook & Journal

Notebook & Journal

Notebook & Journal

Notebook & Journal

Notebook & Journal

Notebook & Journal

Notebook & Journal

Notebook & Journal

Notebook & Journal

Notebook & Journal

Notebook & Journal

Notebook & Journal

Notebook & Journal

Notebook & Journal

Notebook & Journal

Notebook & Journal

Notebook & Journal

Notebook & Journal

Notebook & Journal

Notebook & Journal

Notebook & Journal

Notebook & Journal

Notebook & Journal

Notebook & Journal

Notebook & Journal

Notebook & Journal

Notebook & Journal

Notebook & Journal

Notebook & Journal

Notebook & Journal

Notebook & Journal

Notebook & Journal

Notebook & Journal

Notebook & Journal

Notebook & Journal

Notebook & Journal

Notebook & Journal

Notebook & Journal

Notebook & Journal

Notebook & Journal

Notebook & Journal

Notebook & Journal

Notebook & Journal

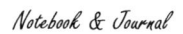

Notebook & Journal

Notebook & Journal

Notebook & Journal

Notebook & Journal

Notebook & Journal

Notebook & Journal

Notebook & Journal

Notebook & Journal

Notebook & Journal

Notebook & Journal

Notebook & Journal

Notebook & Journal

Notebook & Journal

Notebook & Journal

Notebook & Journal

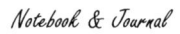

Notebook & Journal

Notebook & Journal

Notebook & Journal

Notebook & Journal

Notebook & Journal

Notebook & Journal

Notebook & Journal

Notebook & Journal

Notebook & Journal

Notebook & Journal

Notebook & Journal

Notebook & Journal

Notebook & Journal

Notebook & Journal

Notebook & Journal

Notebook & Journal

Notebook & Journal

Notebook & Journal

Notebook & Journal

Notebook & Journal

Notebook & Journal

Notebook & Journal

Notebook & Journal

Notebook & Journal

Notebook & Journal

Notebook & Journal

Notebook & Journal

Notebook & Journal

Notebook & Journal

Notebook & Journal

Notebook & Journal

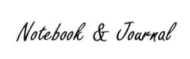

Notebook & Journal

Notebook & Journal

Notebook & Journal

Notebook & Journal

Notebook & Journal

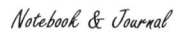

Notebook & Journal

Notebook & Journal

Notebook & Journal

Notebook & Journal

Notebook & Journal

Notebook & Journal

Notebook & Journal

Notebook & Journal

Notebook & Journal

Notebook & Journal

Thank you for purchasing, Nature's *Notebook & Journal.*

Printed in Poland
by Amazon Fulfillment
Poland Sp. z o.o., Wrocław
21 March 2022

d4e19841-5e3c-471f-b66a-1fdf9673af3fR01